Mike Schäfer ist studierter Psychologe und arbeitet als Projektleitung für eine Schulkindbetreuung an einer Grundschule. Er betreibt gemeinsam mit seiner Frau Marielle einen Finanzblog für Paare (www.beziehungs-investoren.de) und hat einen Sohn. Ehrenamtliches Engagement rund um Sport und Jugendliche liegen ihm genau wie eine breite Finanzbildung sehr am Herzen.

Meike Töpperwien studierte Design an der Hochschule für Bildende Künste in Braunschweig. Seit ihrem Diplom arbeitet sie als freiberufliche Illustratorin und Grafikerin für verschiedene Verlage, Zeitschriften und Kulturinstitutionen. Sie lebt in Braunschweig, lernt Akkordeon spielen und düst gern mit Kind und Kegel im Lastenrad durch die Stadt.

Mike Schäfer • Meike Töpperwien

Mein Geld, dein Geld

Miteinander über Geld reden

Von Mäusen, Kröten und Moneten

BELTZ & Gelberg

Das ist alles drin

Darum lohnt es sich, über Geld nachzudenken

Der Wecker klingelt. Wie schön wäre es, sich noch mal umzudrehen und weiterzuschlafen! Doch das Frühstück wartet schon. Also schnell ins Bad, die Zähne putzen. Dann ein Brötchen mit Honig oder Müsli frühstücken und einen Saft trinken. Zur Schule geht es mit dem Rad oder mit den Eltern im Auto. Nachmittags findet das Fußballtraining statt oder der Klavierunterricht.

Was das alles mit Geld zu tun hat, fragst du dich?! Der Wecker, das Kissen, das Wasser aus dem Wasserhahn, die Zahnbürste und Zahnpasta, das Brötchen und der Saft, das Fahrrad oder das Auto, das Training oder der Unterricht – all das kostet Geld.

Nicht immer geht es dabei um viel Geld, trotzdem braucht man Geld für viele Dinge. Und das geht nicht nur Erwachsene etwas an, sondern auch Kinder. Denn auch viele Kinder bekommen Geld, so kriegen die meisten Taschengeld von ihren Eltern oder manchmal stecken Oma und Opa was ins Sparschwein. Warum ist es wichtig, zu wissen, wie man mit Geld umgeht? Ganz einfach: Damit man lange was davon hat und es einem selbst und anderen gut geht. In diesem Buch erwarten dich viele Infos rund ums Geld. Denn je mehr du weißt, umso besser kannst du mitreden.

Wie ist Geld entstanden?

Vor sehr langer Zeit, als die Menschen noch ihr Essen jagten und sammelten, gab es kein Geld. Niemand besaß ein eigenes Haus oder eine Wohnung, alle wanderten umher. Die Menschen teilten und aßen gemeinsam, was sie am Tag finden konnten.

Erst als die Menschen anfingen, kleine Siedlungen zu bilden, und sesshaft wurden, bauten sie Nahrung an, hielten Tiere und entwickelten Werkzeuge. Da nicht jeder alles selber herstellen konnte, tauschten die Menschen. So ging der Bauer, wenn er ein Gefäß brauchte, um sein Getreide trocken zu lagern, zum Töpfer. Der Töpfer wiederum brauchte etwas zum Essen und bekam für sein Gefäß vom Bauern Getreide zum Brotbacken. Dafür pflanzte der Bauer mehr Getreide an, als er und seine Familie benötigte. Und umgekehrt genauso. Die Sache hatte nur einen Haken: Was tat der Töpfer, wenn der Bauer gerade kein Gefäß für sein Getreide brauchte?

Um dieses Problem zu lösen, tauschten Menschen ihre Waren gegen haltbare Dinge, die gut transportieren waren und die nicht so leicht gefälscht werden konnten. Zusätzlich war es wichtig, dass diese nicht in allzu großer Menge vorhanden waren. Verwendet wurden Tierzähne (zum Beispiel von Walen), stabile Schneckenhäuser oder Muscheln. Erst vor 4.000 Jahren kamen die Menschen in Europa auf die Idee, Metalle als Tauschgegenstand zu verwenden.

Es dauerte noch etliche Jahrhunderte, bis Menschen in Lydien – das liegt in der heutigen Türkei – als Erste damit anfingen, Goldklumpen platt zu schlagen, das Emblem ihres Königs draufzustempeln und diese als Münzen zu verwenden. Später nutzten fast alle Menschen in Europa diese Methode.

Goldmünzen waren aber sehr schwer. Wer viele Münzen besaß, musste oft schwer tragen. Daher gab es irgendwann Scheine, auf denen die Anzahl der Münzen stand. Erstmals passierte dies wahrscheinlich in China. Das war natürlich sehr praktisch, denn Papier nahm viel weniger Platz weg und war leichter.

Heute trägt man oft nur noch eine Karte mit sich und wenige Münzen oder Scheine im Geldbeutel. Das meiste liegt auf einem Konto bei der Bank.

Was ist das Besondere an Geld?

Mit Geld kann man alles Mögliche bezahlen. Zum Beispiel neue Spielsachen, etwas zu essen oder ein Auto. Aber auch Dinge wie ein Flugzeug, ein Hochhaus oder eine Brücke. Gleichzeitig kann man mit Geld jemand anderen für seine Arbeit bezahlen.

Geld geht nicht schnell kaputt und kann lange Zeit benutzt werden. Selbst wenn ein Geldschein einmal zerreißt, kann man mit beiden Hälften zur Bank gehen und bekommt dafür einen neuen. Deshalb kann man Geld aufheben und erst zu einem späteren Zeitpunkt etwas damit bezahlen. In der Zwischenzeit speichert Geld seinen Wert, das heißt, ein 10-Euro-Schein ist in zehn Jahren in etwa noch zehn Euro wert. In etwa? Genau. Vielleicht ist dir schon aufgefallen, dass vieles immer ein bisschen teurer wird. Eine Kugel Eis kostete im letzten Sommer noch 1 Euro und diesen Sommer kostet sie 1,10 Euro. Das passiert auch mit anderen Dingen wie Legosteinen oder Autos. Nach zehn Jahren bekommt man also etwas weniger für 10 Euro als heute. Das nennt man »Inflation«.

Da Geld grundsätzlich seinen Wert behält, zeigt es auch an, wie viel etwas wert ist. So kann man sagen, eine Stunde Arbeiten ist so viel wert wie 20 Kugeln Eis oder wie eine Hose oder zwei Kopfkissen. Wenn man weiß, was etwas wert ist, kann man besser handeln.

Geld braucht Vertrauen

Das Metall von Münzen und das Papier der Geldscheine ist nur sehr wenig wert. So kostet die Herstellung einer 2-Euro-Münze in Deutschland gerade mal 13 Cent, also viel weniger, als auf der Münze draufsteht. Bei einem 5-Euro-Schein sind es sogar nur 7 Cent. Dennoch kann man sich für einen 5-Euro-Schein Dinge kaufen, die 5 Euro (und nicht nur 7 Cent) wert sind.

Daran, dass sich die Menschen verabredet haben, dass jede Münze und jeder Schein einen bestimmten Wert hat. Wenn auf dem Schein eine 5 steht, dann ist er 5 Euro wert. Steht auf einer Münze eine 5, dann ist sie 5 Cent wert. Dabei geht es um Vertrauen. Wenn jemand für 5 Euro eine Kiste Äpfel kauft, klappt das nur, weil der Verkäufer weiß, dass er später für den 5-Euro-Schein etwas anderes kaufen kann. Wäre sich der Verkäufer damit nicht sicher, dann würde er das Geld nicht annehmen. Stattdessen würde er etwas anderes fordern, das seiner Meinung nach dem Wert einer Kiste Äpfel entspricht. Vielleicht eine Kiste Bananen oder eine neue Latzhose.

Der Wert, der auf Münzen und Scheinen steht, gilt also nur, weil alle Menschen sich darauf geeinigt haben und diesem Wert vertrauen. Es ist wichtig, dafür zu sorgen, dass das Vertrauen in den Tauschwert des Geldes bestehen bleibt. Daher steht Geldfälschen unter Strafe, und Leute, die dabei erwischt werden, kommen ins Gefängnis.

Forinth (Ungarn)

Tenge (Kasachstan)

Dong (Vietnamm)

Was sind Währungen?

Britische Pfund (Großbritanien)

In Deutschland zahlt man mit dem Euro, es gibt aber auch Länder wie die Schweiz oder Großbritannien, die eine andere Währung haben. So zahlt man in der Schweiz zum Beispiel mit Schweizer Franken. Und in Großbritannien mit Englischen Pfund.

Die bekanntesten Währungen auf der Welt sind der Euro und der US-Dollar. Beide Währungen sind gleich in mehreren Ländern auf der Welt Zahlungsmittel.

Mit dem Euro kann man zum Beispiel in Deutschland, Spanien, Frankreich und 16 weiteren europäischen Ländern bezahlen. Ein Zusammenschluss verschiedener Länder mit gleicher Währung heißt »Währungsunion«.

Auch den US-Dollar kann man, außer in den USA, in mehr als zehn weiteren Ländern verwenden. Darüber hinaus gibt es über 160 weitere Währungen auf der ganzen Welt.

Baht (Thailand)

Kwacha (Sambia)

Schweizer Franken (Schweiz)

Dänische Kronen (Dänemark)

Dirham (Vereinigte Arabische Emirate)

Rubel (Russland)

Cólon (Costa Rica)

Rupie (Indien)

Reist man nach Afrika, findet man in Tansania den Schilling, in Südafrika den Rand und in Sambia den Kwacha. Reist man weiter nach Asien begegnet einem in Japan der Yen, in Vietnam der Dong und in Thailand der Baht. Setzt man seine Reise nach Südamerika fort, benötigt man in Peru den Sol, in Chile den Peso und in Brasilien den Real, um sich etwas kaufen zu können.

Was ist Taschengeld?

Viele Kinder bekommen Geld von ihren Eltern. Dieses Geld nennt man Taschengeld und Kinder bekommen es meistens, sobald sie in die Schule gehen. Wie oft und wie viel Taschengeld es gibt, hängt davon ab, was die Kinder mit ihren Eltern vereinbart haben.

Es ist toll, dass Eltern ihren Kindern Geld geben. Doch ein Recht auf Taschengeld hat ein Kind nicht. Kinder können ihre Eltern aber nach Taschengeld fragen. Eltern können sich dann entscheiden, ob sie dazu »ja« oder »nein« sagen.

Bekommt ein Kind Taschengeld, gehört das Geld einzig und allein dem Kind. Dieses entscheidet selbst, was es mit dem Geld tut. Daher bedeutet Taschengeld zu bekommen, auch, Verantwortung zu übernehmen. Man entscheidet selber, was man sich von seinem Taschengeld kauft.

Gleichzeitig kann es für Eltern wichtig sein, dass das Kind von nun an bestimmte Dinge von seinem Geld kauft.

Fürs Taschengeld kann man Regeln vereinbaren. Beispielsweise, dass es Taschengeld immer am selben Tag gibt, ohne dass das Kind nachfragen muss.

Wie solche Regeln aussehen, das legen Eltern und Kind gemeinsam fest. Man könnte die Vereinbarung auch aufschreiben, sodass sich alle daran erinnern und halten können.

Verliert man sein Taschengeld oder gibt es komplett aus, kann man erst mal keine neuen Sammelkarten, neue Zeitschriften oder das neue Spiel kaufen.

Was kann ich mit meinem Taschengeld machen?

Als Erstes kann man Geld sparen. Wer ein Sparschwein hat, kann dort sein Taschengeld reinwerfen und zusehen, wie es immer mehr wird. Sparen kann bedeuten, gar nichts von seinem Taschengeld auszugeben oder nur für wenige Dinge, die einem sehr wichtig sind und für die man länger spart.

Zweitens kann man das ganze Geld ausgeben. Das kann für alles Mögliche sein: für Spielsachen, ein Magazin … Wie viel Geld man ausgeben kann, hängt davon ab, wie viel Geld da ist. Gibt man sein Geld immer direkt aus, wenn man es bekommt, ist es weg. Dann heißt es warten, bis man das nächste Mal Taschengeld bekommt.

Drittens kann man Geld auch investieren. Investieren heißt, sein Geld jemandem zu geben, der daraus mehr Geld macht und es einem später wieder zurückgibt. Investieren bedeutet aber auch, am Ende vielleicht weniger Geld zurückzubekommen oder sogar alles Geld zu verlieren. Wie das alles genau funktioniert, erfährst du etwas weiter hinten im Buch.

Wie viel Geld besitze ich?

Um zu überlegen, was man alles mit seinem Geld anstellen kann, ist es gut, erst mal zu wissen, wie viel Geld überhaupt da ist. Dafür kippt man das Sparschwein aus, sortiert die Münzen und Scheine und zählt das Geld.

Oft ist das aber nicht so einfach, weil sich das Geld an vielen verschiedenen Orten befindet, zum Beispiel in Hosentaschen, dem Geldbeutel oder dem Schulranzen.

Viele Erwachsene machen jeden Monat eine Bestandsaufnahme, damit sie immer wissen, wie viel Geld sie zur Verfügung haben. Denn manchmal passieren unvorhergesehene Dinge. Zum Beispiel wenn die Waschmaschine kaputt geht, wissen sie schnell, ob sie sich eine neue leisten können. Man kann nicht wissen, was und wann etwas kaputt geht, aber man kann sein Geld im Blick haben und wissen, ob man genügend angespart hat.

Es gibt aber auch viele Menschen, die das nie oder nur selten machen. Sie wissen überhaupt nicht, wie viel Geld sie tatsächlich haben. Dadurch wissen sie auch nicht, wie viel sie für etwas ausgeben können oder ob sie im Notfall eine neue Waschmaschine kaufen könnten.
Weißt du, wie viel Geld du besitzt?

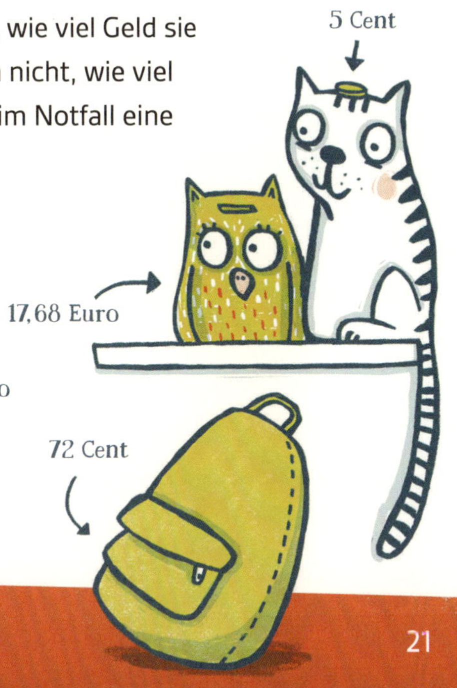

Wann ist jemand arm?

Ob jemand arm ist, lässt sich erst mal sehr allgemein beantworten. Jeder Mensch hat sogenannte »Grundbedürfnisse« wie Nahrung, Wasser, Kleidung, Wohnen und Gesundheit. Ohne Essen oder Trinken geht es den Menschen schlecht und sie werden krank. Ähnlich sieht es aus, wenn jemand keine Kleidung zum Anziehen oder keinen Ort zum Wohnen hat. Ein Mensch ist also arm, wenn eines dieser Grundbedürfnisse nicht oder kaum erfüllt wird. Aber was ist mit jemandem, der auf einem Bauernhof lebt, Wasser aus seinem Brunnen trinkt, Gemüse vom Feld isst, mit der Wolle von Schafen die Kleidung selbst herstellt? Der ist nicht arm, er hat ja alles, was er zum Leben braucht. Trotzdem hat er vielleicht sehr wenig Geld.

Daher spielt auch Geld eine Rolle. Wer pro Tag weniger als 1,70 Euro zur Verfügung hat, gilt als arm. Das hat die »Internationale Entwicklungsorganisation« festgelegt. Das ist wenig Geld, achte mal darauf, was es kostet, wenn ihr das nächste Mal Pizza essen geht. Man nennt das »absolute Armut«.

Es gibt aber noch etwas anderes, das ist die »relative Armut«. Sie beschreibt, wie viel Geld ein Mensch im Vergleich zu allen anderen Menschen in einem Land verdient. Wenn nun jemand nur halb so viel verdient wie die meisten anderen, dann gilt er als arm.

Wie du siehst, ist es nicht ganz einfach zu entscheiden, ob eine Person arm ist.

Wann ist jemand reich?

Stell dir vor, ein Kind bekommt zu jedem Geburtstag, zu Weihnachten und zu Ostern neue Kuscheltiere geschenkt. Bald schon ist das ganze Bett voll damit und die ersten müssen ins Regal oder auf den Boden gelegt werden. Das Kind kann gar nicht mit den vielen Kuscheltieren gleichzeitig spielen und beim Einschlafen benutzt es eigentlich immer nur den Lieblingshasen. Man kann sagen, das Kind ist reich, denn es hat mehr Kuscheltiere, als es benötigt.

Auf Geld bezogen heißt, reich sein: Jemand hat mehr Geld, als er braucht.

In Deutschland gibt das »Statistische Bundesamt« vor, ab wann jemand als reich gilt. Die Regel lautet so: Wer in Deutschland mehr als das Doppelte des Durchschnitts aller Menschen verdient, ist reich.

Wenn man 20 Münzen auf 5 Menschen gleich aufteilt, bekommt jeder 4 Münzen, das ist dann der Durchschnitt!

Die 20 Münzen können aber auch ungleich verteilt sein.

Was ist ein Konto?

Wenn man sein Geld nie ausgibt, sondern immer ins Sparschwein steckt, ist das Sparschwein irgendwann voll. Dann braucht man einen anderen Ort, um das Geld aufzuheben. Natürlich könnte man ein zweites Sparschwein aufstellen. Doch was ist, wenn auch dieses Sparschwein voll ist und das nächste und das nächste und das nächste ...?

Am besten wäre in diesem Fall ein Sparschwein, das niemals voll wird. Ein solches Sparschwein gibt es bei der Bank. Dort heißt es allerdings nicht Sparschwein, sondern Konto. Das ist ein Wort mit einer langen Geschichte, es bedeutet so viel wie »Berechnung«.

Eltern können zusammen mit ihrem Kind ein Konto bei der Bank eröffnen. Dafür erhält das Kind eine Karte. Auf dieser Karte ist gespeichert, wie viel Geld sich auf dem Konto befindet. Wie viel das genau ist, kann man jederzeit online im Internet nachschauen. Das ist sehr praktisch, da man nicht zur Bank gehen muss, um nachzufragen. Wer so ein Konto hat, kann immer Geld auf sein Konto einzahlen. Mit der Karte kann man auch Geld an einem Bankautomaten abheben.

Wer zum Geburtstag oder zu einer anderen Gelegenheit Geld bekommt, kann es auch überweisen lassen. Dann bekommt man das Geld nicht in die Hand gedrückt, sondern es wandert direkt von einem Konto zum anderen. Dafür braucht derjenige, der das Geld schickt, nur ein Konto und deine IBAN. Das ist der Name deines Kontos und ein Kürzel für die Bank, bei der du dein Konto hast.

Was macht eine Bank?

Banken entstanden, weil die Menschen ihr Geld nicht mehr ständig mit sich rumtragen oder es daheim im Sparschwein sammeln wollten. Sie organisieren den Zahlungsverkehr, der besteht aus: Einzahlen, Auszahlen und Überweisen.

Beim Einzahlen bringst du Geld zur Bank und diese bucht es auf dein Konto. Beim Auszahlen, zum Beispiel am Automaten, kannst du Geld abheben. Per Überweisung können deine Eltern von ihrem Bankkonto Geld auf dein Bankkonto schicken.

Banken sorgen aber auch dafür, dass das Geld nicht einfach irgendwo rumliegt, sondern dass alle, die ein Konto haben, ständig darauf zugreifen können. Aber sehr sicher bekommst du nie die Scheine zurück, die du eingezahlt hast. Zumindest ist das ziemlich unwahrscheinlich.

Bei der Bank liegt das Geld nicht einfach im Tresor, sondern die Bank »arbeitet« damit. Das heißt, sie nutzt das Geld, um selber Geld zu verdienen. Das kann sie tun, indem sie anderen Menschen Geld leiht (Kredit) und sich das bezahlen lässt (Zinsen).

Dadurch bleibt das Geld in Bewegung. Es bedeutet aber auch, dass man nicht jede beliebige Summe direkt bei der Bank abholen kann, obwohl sie vielleicht auf dem Konto liegt. Will man sehr viel Geld holen, muss man das zuvor anmelden, damit die Bank Zeit hat, das Geld bereitzustellen.

Was ist elektronisches Geld?

Kinder bekommen in der Regel Taschengeld und dieses sparen sie in einem Sparschwein oder einer anderen Spardose. Wenn man nun sehr neugierig ist und wissen will, wie viel Geld man hat, dann kippt man das Sparschwein aus und zählt das Geld.

Wenn es aber kurz darauf neues Taschengeld gibt (oder von dem Geld etwas gekauft wurde), stimmt der Betrag nicht mehr. Man muss wieder zählen. Wie kriegt man es hin, ohne jedes Mal zu zählen?

Dafür zählt man einmal, wie viel Geld im Sparschwein ist, und notiert sich den Eurobetrag auf einem Zettel. Ab jetzt wird jedes Taschengeld direkt dazugerechnet und jedes Mal, wenn etwas gekauft wird, abgezogen. So steht immer die richtige Summe des Sparschweins auf dem Zettel. Natürlich nur, wenn man richtig rechnet.

Erwachsene benutzen nur noch sehr selten ein Sparschwein. Stattdessen verwenden sie ein Bankkonto. Da passiert genau das Gleiche. Das Geld wird einmal gezählt, wenn es auf das Konto kommt. Danach wird nur noch Plus (mehr Geld auf das Konto) und Minus (wenn Geld vom Konto genommen wird) gerechnet.

Bei Bankkonten ist es auch noch so, dass dafür gar kein Bargeld zum Anfassen mehr vorhanden sein muss. Die Bank hat also kein Sparschwein im Tresor, wo jemand Geld rausnimmt und dazulegt, wenn man etwas von dem Bankkonto bezahlt. Weil kein Bargeld mehr vorhanden sein muss, nennt man dies »elektronisches Geld«.

Wie funktioniert elektronisches Geld?

Wer ein Konto hat, bekommt eine kleine Plastikkarte mit einem Chip oder Magnetstreifen darauf. Diese Karte heißt EC-Karte. Der Chip weiß, wie viel Geld auf dem Konto ist. Wenn man im Supermarkt, an der Kinokasse oder im Laden mit der Karte bezahlt, dann wird dort direkt das Geld abgezogen. Das funktioniert wie mit einem Zettel, auf dem man sich aufschreibt, wie viel Geld man hat und wie viel man ausgibt. Um mit der Karte zahlen zu können, muss Geld auf dem Konto liegen.

Früher musste die Karte zum Bezahlen in ein Lesegerät gesteckt werden. Dieses Gerät hat überprüft, ob auf dem Konto genügend Geld ist und ob man noch Geld ausgeben darf. Wenn das in Ordnung war, konnte man bezahlen. Mittlerweile reicht es immer öfter, die Karte an das Lesegerät zu halten, damit dieses weiß, ob man bezahlen kann.

Anders sieht es bei einer Kreditkarte aus. Wer mit Kreditkarte zahlt, leiht sich Geld für einen bestimmten Zeitraum von einer Bank. In der Regel ist dies bis zum Ende des Monats. Dann muss das geliehene Geld zurückgezahlt werden. Eine Kreditkarte ist ebenfalls mit einem Bankkonto verbunden, von dem das Geld dann abgebucht wird.

Karten könnten bald der Vergangenheit angehören, da man inzwischen mit dem Smartphone bezahlen kann. Das geht genauso wie mit einer Karte. Auf dem Smartphone gibt es eine App anstatt einer Karte. Diese App ist mit einem Bankkonto verbunden. Zum Zahlen muss nun nur noch das Handy an das Lesegerät gehalten werden. Dann überprüft das Gerät, ob alles gezahlt werden kann, und führt den Bezahlvorgang aus.

Wofür kann man Geld ausgeben?

Geld kann man für so ziemlich alles ausgeben: Kleidung, Spielzeuge, Essen, Bücher und vieles mehr. Jemand stellt etwas her und verkauft das. Sobald jemand anderes es kauft, gehört es ihm. Derjenige kann nun entscheiden, ob er es behalten, verschenken, wegwerfen oder wiederverkaufen möchte.

Man kann auch Dinge kaufen, die nicht zum Anfassen sind. Klavierstunden zum Beispiel. Für die Zeit, die die Klavierlehrerin für den Unterricht aufwendet (und ihre Erfahrung), bezahlt man Geld. So etwas heißt »Dienstleistung«. Ähnlich ist das in der Fahrradwerkstatt, beim Frisör oder wenn der Maler das Zimmer streicht.

Es kann aber auch sein, dass jemand etwas nutzen, aber nicht gleich kaufen will. Wenn eine Familie an den See fährt, möchte sie dort vielleicht Tretboot fahren. Nun haben sie Lust, für eine Stunde mit dem Tretboot über den See zu schippern. Doch kaufen sie gleich ein ganzes Boot dafür? Nein, sicher nicht. Ein Boot wäre viel zu teuer – ein paar hundert oder tausend Euro. Stattdessen mieten sie sich das Tretboot für eine Stunde. Danach geben sie es an den Tretbootsverleih zurück.

Erwachsene mieten ganz unterschiedliche Dinge. Zum Beispiel ihre Wohnung. Man leiht sich also eine Wohnung für die Zeit, in der man dort leben möchte. Wenn man woanders wohnen möchte, gibt man die gemietete Wohnung an die Eigentümer zurück. So funktioniert das auch bei Autos oder Handys.

Woher bekommen Kinder Geld?

Eltern sind eine Einnahmequelle, wenn sie ihren Kindern Taschengeld zahlen. »Einnahmequelle« ist ein komisches Wort: Es besteht aus den Worten »Einnahme« und »Quelle«. Einnahme bedeutet, dass man Geld bekommt. Quelle heißt, dass von diesem Ort etwas kommt. Bei einem Fluss zum Beispiel kommt von diesem Ort das Wasser. Beim Taschengeld sind die Münzen und Scheine die Einnahme und Eltern die Quelle.

Es gibt aber auch Omas, Opas oder andere Verwandte, die zum Geburtstag oder für eine gute Note Geld schenken. Oder Nachbarn, die sich für Hilfe bedanken wollen und als Dankeschön Geld geben.

Wie können Kinder mehr verdienen?

Stell dir vor, du hast von deinem Taschengeld 5 Euro gespart. Jetzt möchtest du dir aber etwas kaufen, das 10 Euro kostet. Wie bekommst du mehr Geld?

Klar, du könntest warten und dein Taschengeld sparen, bis du die 10 Euro zusammenhast. Je nachdem, wie oft du Taschengeld bekommst, kann das aber dauern. Doch es gibt noch zwei andere Möglichkeiten.

Erstens könntest du Geld verdienen, indem du etwas auf dem Flohmarkt verkaufst. Zum Beispiel alte Bücher oder Kuscheltiere, die du nicht mehr brauchst. Auf einem Flohmarkt verkaufen Menschen Dinge, die sie selbst nicht mehr haben möchten. Wenn du Glück hast, findet jemand genau das Kuscheltier toll, das du nicht mehr haben magst.

Oder du könntest anderen Menschen anbieten, etwas für sie zu tun, was diese vielleicht nicht so gerne machen. Zum Beispiel könntest du den Müll von eurer Nachbarin runterbringen oder ihre Blumen gießen, während sie im Urlaub ist. Vielleicht gibt sie dir dafür etwas Geld.

Es gibt also ganz verschiedene Möglichkeiten, Geld zu verdienen. Hast du auch eine Idee?

Was ist Handel und womit kann ich handeln?

Handel bedeutet, dass zwei Personen etwas miteinander tauschen. Dabei geht es nicht unbedingt um Geld, es können zum Beispiel auch Sammelkarten auf dem Schulhof getauscht werden. Dabei muss man für sich zwei Fragen beantworten:

Was will ich haben? Hier kommt es darauf an, was in der Sammlung noch fehlt oder was sich dafür eignet, es später mit einem anderen Kind zu tauschen.

Was bin ich bereit dafür zu geben? Hier muss man die Frage beantworten, was einem die Karte wert ist und auf was man dafür in der eigenen Sammlung verzichten würde.

Tausche

supercoolen ferngesteuertern Roboter

gegen

extrem seltene »Funny Fritz« - Comics!

Jetzt ist noch entscheidend, einen Handelspartner zu finden. Also jemand, der bereit ist, die angebotene Karte zu nehmen und die gewünschte Karte zu geben. Erst wenn das der Fall ist, kommt es zu einem Handel.

Auf einem Flohmarkt kann man schnell und einfach mit Kleidung, Spielsachen oder Büchern handeln. Das geht so: Entweder mit Erwachsenen zusammen auf einem großen Flohmarkt anmelden oder einfach vor dem Haus die Waren, die man verkaufen will, auf einer Decke ausbreiten.

Ganz ähnlich funktioniert das im Internet. Dort gibt es virtuelle Märkte, auf denen man einen eigenen Stand eröffnen kann. Es gibt Märkte für Basteleien, für Dienstleistungen oder auch für gebrauchte Dinge, die man selbst nicht mehr will. Andere können dann die Angebote anschauen und diese kaufen.

Mit was kann man noch handeln?

Viele Menschen handeln mit ihrer Zeit. Das heißt, sie bieten für eine gewisse Zeit ihre Arbeitskraft an. So schneidet eine Friseurin den Menschen, die zu ihr kommen, die Haare, wie die es sich wünschen. Das sieht oft viel besser aus, als würde man sich selber die Haare schneiden. Die Friseurin stellt einem dafür einen Platz im Friseurladen und ihre Zeit zur Verfügung. Hinterher bezahlt man sie dafür. Genauso funktioniert das bei einem Schwimmtrainer oder der Klavierlehrerin.

Es kann sein, dass die Friseurin in einem Friseurladen angestellt ist, der jemand anderem gehört. Dann ist das ihr Arbeitgeber und sie ist die Arbeitnehmerin. Das heißt, alles Geld, das sie einnimmt, bekommt die Person, der der Laden gehört. Diese bezahlt ihre Angestellten davon. Vielleicht gehört der Laden aber auch der Friseurin selber, dann gehen alle Einnahmen an sie. Aber sie muss dann auch die Kosten tragen, zum Beispiel für Wasser und Shampoo, die verbraucht werden, und die Miete.

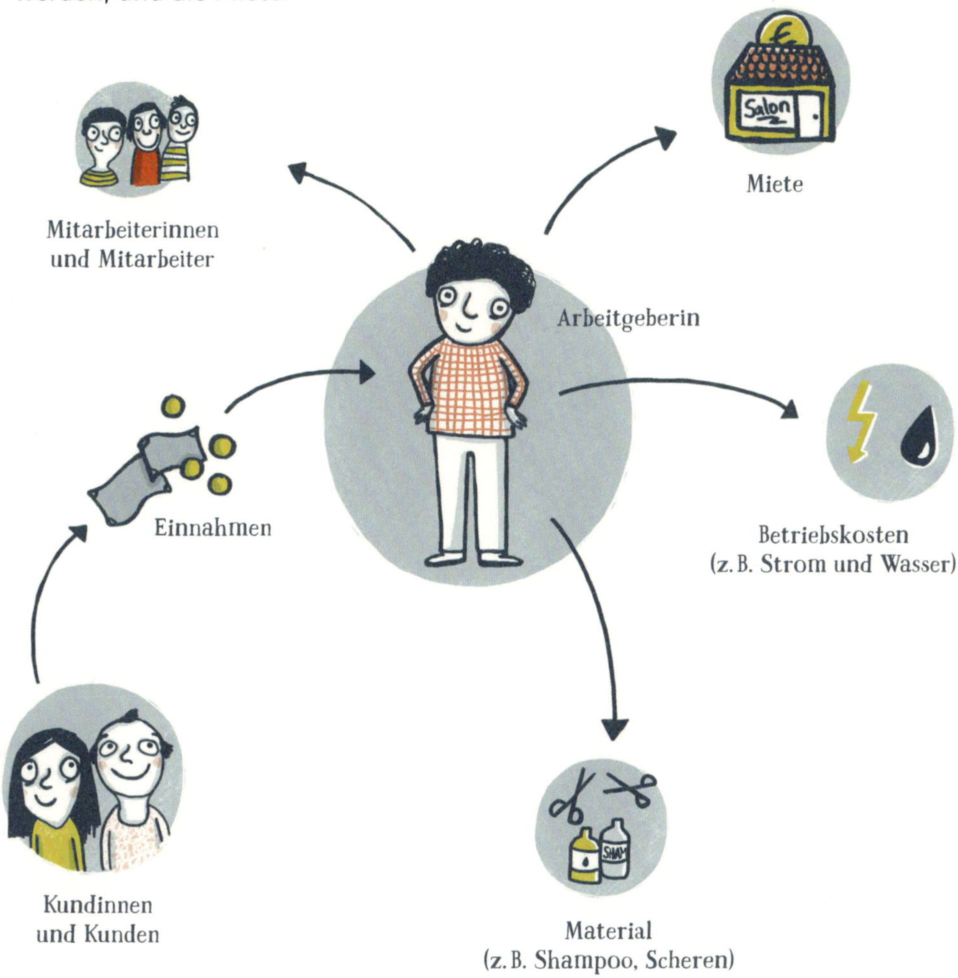

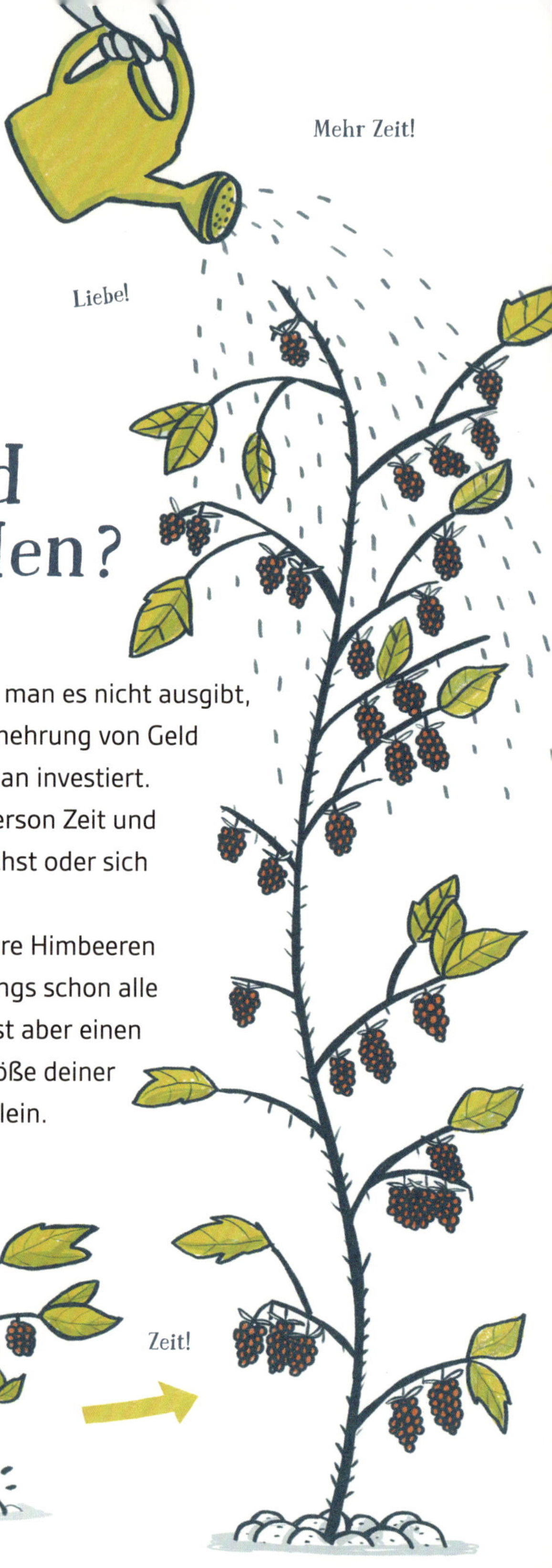

Wie kann Geld mehr werden?

Geld kann sich vermehren, indem man es nicht ausgibt, sondern spart. Man kann die Vermehrung von Geld auch aktiv unterstützen, indem man investiert. Investieren bedeutet, dass eine Person Zeit und Geld verwendet, damit etwas wächst oder sich vermehrt.

Stell dir vor, du möchtest leckere Himbeeren essen. Im Supermarkt sind allerdings schon alle Himbeeren ausverkauft. Du findest aber einen kleinen Himbeerstrauch in der Größe deiner Hand. Der Strauch ist noch sehr klein.

Damit aus dem Himbeerästchen ein großer Himbeerstrauch mit superleckeren Himbeeren wird, braucht er Zeit und Pflege. Als Erstes informierst du dich, an welchem Ort Himbeerpflanzen am besten wachsen können. Dort pflanzt du den Himbeerstrauch in die Erde ein. Anschließend gießt du deinen Himbeerstrauch regelmäßig, befreist ihn von Unkraut und schaust, dass er genug Sonne bekommt. Das dauert alles ziemlich lange und es vergehen Wochen, bis die Pflanze endlich groß genug ist und die ersten Himbeeren am Strauch hängen. Du hast also eine Menge Zeit in dein Himbeerästchen investiert, um endlich die leckeren Himbeeren zu genießen.

Erwachsene machen so etwas Ähnliches mit Geld. Sie investieren zum Beispiel Geld in Wohnungen. Anstatt eine Wohnung zu mieten, kaufen sie diese (Geld), renovieren sie (Zeit) und vermieten sie an andere Menschen (Geld). Die Menschen, die in der Wohnung wohnen (Mieter), bezahlen jeden Monat einen bestimmten Betrag (Miete), um in der Wohnung zu leben, und damit verdient der Eigentümer Geld. Hier wurden Geld und Zeit investiert.

Wofür braucht eine Familie Geld?

Alle Menschen, die zusammen in einer Wohnung oder in einem Haus leben, bilden einen Haushalt. Es kann also sein, dass ein Haushalt nur aus einer Person besteht. Nämlich dann, wenn ein einziger Mann oder eine einzige Frau alleine in einer Wohnung lebt. Genauso gut kann es aber auch sein, dass der Haushalt aus sieben Personen besteht.

In einem Haushalt muss man genau schauen, wie viel Geld man hat und wie viel Geld man ausgeben kann. Die Ausgaben können ganz schön vielfältig sein und es passiert manchmal, dass man den Überblick verliert.

Am meisten Geld geben Menschen für Wohnen aus. Also dafür, dass sie in einer Wohnung oder in einem Haus leben können. Jede Wohnung und jedes Haus kostet etwas, außer es gehört einem. Aber selbst dann entstehen Kosten für den Verbrauch von Wasser und Strom sowie Ausgaben für Telefon, Internet oder wenn mal etwas kaputt geht.

In manchen Monaten kommen dann noch andere Ausgaben hinzu, dazu gehören neue Hosen, Shirts und Schuhe, aber auch neues Besteck oder die Übernachtung auf dem Campingplatz im Sommerurlaub.

Diebische Elster
(die in Wirklichkeit gar nicht diebisch ist!)
Ach, wenn unsere Wohnung doch so günstig wäre wie ein Zelt!

Wieso gehen Erwachsene arbeiten?

Für Leben, Wohnen und anderes geben Erwachsene viel Geld aus. Wo kommt das Geld eigentlich her?

Erwachsene bekommen kein Taschengeld, stattdessen gehen sie für ihr Geld arbeiten. Dafür bekommen sie Geld und das nennt man Gehalt. Was sie arbeiten und was sie verdienen, ist sehr unterschiedlich. Manche machen eine Ausbildung zum Verkäufer und verdienen bereits sehr früh ihr eigenes Geld. Andere studieren an der Universität, um Lehrerin oder Arzt zu werden. Das dauert mehrere Jahre und sie verdienen daher auch erst später ihr eigenes Geld.

Egal, ob man als Dachdeckerin in Berlin 20 Stunden pro Woche arbeitet oder als Anwalt in München 42 Stunden pro Woche, bekommt man in Deutschland ein Mindestgehalt pro Stunde. Das ist erst seit 2015 so und wurde seitdem mehrfach angepasst.

Natürlich gibt es auch Menschen, die sehr viel mehr verdienen. Weißt du, was deine Eltern verdienen?

Es wäre gut, wenn jeder Mensch gerecht bezahlt werden würde. Tatsächlich ist dies aber oft nicht der Fall. So bekommen Frauen häufig weniger Geld als Männer. Soziale Berufe im Kindergarten oder in der Pflege werden sehr schlecht bezahlt, obwohl sie zwingend notwendig sind für die Gesellschaft. Damit sich dies ändert, engagieren sich viele Menschen für mehr Gerechtigkeit beim Gehalt.

Behalten meine Eltern alles Geld, das sie verdienen?

Wenn ein Kind Taschengeld von seinen Eltern bekommt, dann kann es dieses ins Sparschwein stecken. Erwachsene können ihr Gehalt, das sie für ihre Arbeit bekommen, aber nicht komplett behalten. Einerseits müssen sie tägliche Ausgaben wie Wohnen und Essen bezahlen. Aber Erwachsene müssen noch mehr abgeben von dem, was sie verdienen: für Steuern und Versicherungen. Von diesem Geld haben dann verschiedene Menschen etwas. Und das funktioniert so:

Stell dir vor, du bekämst im Monat 5 Euro Taschengeld. Du darfst aber nur 4 Euro in das eigene Sparschwein werfen, 1 Euro kommt in das Familiensparschwein. Das würden alle anderen Familienmitglieder auch tun. Von dem Geld im Familiensparschwein werden dann Dinge bezahlt, die für die meisten aus der Familie wichtig sind: Das Auto hat leider einen platten Reifen und kann niemanden mehr zur Schule oder Arbeit bringen. Den Reifen zu reparieren kostet Geld. Da jeder in der Familie das Auto irgendwann nutzt, wird der kaputte Reifen aus dem Familiensparschwein bezahlt.

Es könnte aber auch sein, dass die Familie beschließt, in Zukunft weniger mit dem Auto fahren zu wollen, da es besser für die Umwelt und die eigene Gesundheit ist. Die Fahrräder könnten dann ebenfalls aus dem Familiensparschwein bezahlt werden und jeder hat die Möglichkeit, ab sofort mit dem Rad unterwegs zu sein.

So ähnlich geht das mit den Abgaben, die Erwachsene zahlen müssen. Einen Teil ihres Gehaltes bekommen Erwachsene auf das eigene Konto, ein anderer Teil kommt in die verschiedenen Sparschweine, die vielen gemeinsam gehören. Das Geld aus diesen Sparschweinen wird dann genutzt, um Dinge zu bezahlen, die für die meisten Menschen wichtig und nützlich sind. Dazu gehören Arztbesuche, Straßen, Schulen oder auch Gehälter von Beamten wie Lehrern.

Was ist eine Versicherung?

Ein Teil des Gehalts deiner Eltern fließt in Versicherungen. Auch Kinder sind schon versichert, meistens bei ihren Eltern, zum Beispiel in der Krankenversicherung.

Versicherungen funktionieren so, dass viele Menschen jeden Monat einen bestimmten Betrag zahlen und das gesamte Geld dann allen zur Verfügung steht.

Alle Versicherten können auf die Versicherung zurückgreifen, wenn sie zum Beispiel zum Arzt gehen müssen. So muss keiner viel Geld auf dem Konto ansparen. Stattdessen sammelt die Gemeinschaft das Geld und zahlt damit Schäden gemeinsam.

So sieht das bei der Krankenversicherung aus:

Es gibt noch andere Versicherungen. Die meisten kann man sich aussuchen, eine Ausnahme sind die Krankenversicherung, die Rentenversicherung, die Pflegeversicherung und die Arbeitslosenversicherung. Die muss man haben, damit man selber und seine Familie im Notfall Hilfe bekommt.

Die Rentenversicherung dient dazu, im hohen Alter nicht mehr arbeiten zu müssen und dennoch Geld zu bekommen. Wenn man lange genug gearbeitet und in die Rentenversicherung eingezahlt hat, bekommt man jeden Monat eine Rente ausbezahlt. Wie hoch die Rente ist, hängt davon ab, wie viel man vorher verdient und damit in die Versicherung eingezahlt hat.

Die Arbeitslosenversicherung schützt einen bei Arbeitslosigkeit. Arbeitslos ist man, wenn man keinen Job hat und nichts verdient. Ohne Arbeit fällt das monatliche Einkommen weg und damit die Möglichkeit, Essen zu kaufen oder die Wohnung zu bezahlen. Wie viel Geld man bekommt, hängt davon ab, wie lange man schon arbeitslos ist und wie viel man vorher verdient hat.

Die Pflegeversicherung bezahlt die Ausgaben, die mit der Pflege verbunden sind. Manchmal braucht man andere Menschen, die einen im Alltag unterstützen, beim Waschen, Einkaufen oder Essen. Das nennt man Pflege. Wer auf Pflege angewiesen ist, braucht Geld, um die Pflegekraft auch bezahlen zu können.

Wer zahlt meine Schule?

Alle Menschen, die in Deutschland arbeiten oder etwas kaufen, zahlen Steuern. Auch Kinder zahlen schon Steuern. Stell dir vor, du kaufst etwas, das einen Euro kostet. Von dem Euro geht ein kleiner Teil an den Staat. Das nennt sich Mehrwertsteuer und wir zahlen sie bei allem, was wir kaufen.

Von diesem Geld werden Dinge bezahlt, die für die Gemeinschaft wichtig sind, zum Beispiel Straßen, Schulen und Kindergärten, Parks usw.

Während Kinder hauptsächlich Steuern bezahlen, wenn sie sich was kaufen, zahlen Erwachsene auch Steuern, wenn sie arbeiten gehen. Steuern zahlt man aber nicht direkt bei dem ersten Euro, den man verdient hat. Erst wenn man genug Geld für eine Wohnung und etwas zu essen verdient hat, zahlt man auch Steuern.

Manche Steuern werden direkt vom Gehalt abgezogen, zum Beispiel die Lohnsteuer. Diese richtet sich nach der Höhe des Gehalts. Je höher das Gehalt, umso mehr Lohnsteuer muss man zahlen.

Eine Geschichte der Steuern

Steuern gibt es seit etwa 5.000 Jahren. Damals hießen sie noch Tribut, Zoll oder Zehnt. Die Idee war aber ähnlich: Geld von vielen Menschen sammeln, um damit Straßen, Burgen und Soldaten zu bezahlen, die allen nutzen.

Etwa vor 2.300 Jahren wurde im Alten Rom die Kopfsteuer eingeführt. Jeder Mensch, der in Rom lebte, musste einen bestimmten Geldbetrag an Steuern zahlen. Das führte zu gewaltigen Problemen. War die Kopfsteuer so niedrig, dass alle Menschen diese bezahlen konnten, reichte sie nicht zum Straßen- und Burgenbau. War die Steuer hingegen so hoch, dass das Geld reichte, konnten arme Menschen das Geld nicht aufbringen und wurden bestraft. Heute müssen Steuern die folgenden vier Anforderungen erfüllen:

Steuern müssen gerecht sein.
Menschen, die weniger verdienen, müssen auch weniger zahlen, und Menschen, die mehr verdienen, zahlen auch mehr.

Man darf Steuern nicht merken.
Das ist bei der Mehrwertsteuer der Fall, die in allen Dingen steckt, die wir kaufen.

Steuern dürfen dem Staat keinen Aufwand verursachen.
Das setzt voraus, dass der Staat die Steuer ohne viel Aufwand erheben kann. Eine Steuer, die mehr kostet, als sie einnimmt, ist sinnlos.

Genau wie beim Taschengeld muss klar sein, **wann eine Steuer bezahlt werden soll und wie hoch diese ist.**

Wie ist das, wenn man sich Geld leiht?

Stell dir vor, alle wollen plötzlich ein Eis haben, aber du hast dein Geld vergessen. Wahrscheinlich würdest du jemanden fragen, ob er dir Geld leiht.

Wer sich Geld leiht, muss das natürlich zurückzahlen. Bei einem Eis klappt das wahrscheinlich beim nächsten Treffen schon. Bei größeren Geldsummen dauert es aber manchmal Jahre. Ein Haus kostet so viel, dass die meisten Erwachsenen nicht genügend Geld haben, um es zu bezahlen. Damit es trotzdem klappt, leihen sie es sich bei der Bank.

Dabei bekommen die Menschen das Geld von der Bank auf einen Schlag und können das Haus damit kaufen. Danach zahlen sie über lange Zeit monatlich das geliehene Geld an die Bank zurück. Und das kann – je nach Höhe des Betrags – viele Jahre dauern. Sich Geld von der Bank zu leihen, kostet allerdings Geld.

Oft ist es günstiger, sich Geld bei Freunden und Familie zu leihen, denn meist wollen sie nur das Geld zurück, was sie auch verliehen haben. Allerdings sind das häufig eher kleinere Beträge, die nicht über einen sehr langen Zeitraum zurückgezahlt werden müssen.

Es lohnt sich, miteinander zu vereinbaren, wann das Geld zurückgezahlt werden muss. Bei Banken oder fremden Personen ist das sogar üblich. Aber auch bei Freunden und Familie kann das bei größeren Geldbeträgen sinnvoll sein.

Was sind Zinsen?

Sich Geld bei der Bank zu leihen, ist nicht umsonst. Man muss mehr Geld zurückzahlen, als man sich geliehen hat. Dieses zusätzliche Geld heißt »Zinsen«. Dadurch verdient die Bank Geld. Leiht man von einer Bank 100 Euro, dann bekommt diese nach einem Jahr die 100 Euro plus Zinsen zurück.

Bevor überhaupt Geld verliehen wird, versucht die Bank einzuschätzen, ob man es zurückzahlen kann. Zinsen dienen den Banken dabei als Schutz, falls das verliehene Geld nicht zurückgezahlt wird.

Das Risiko hängt davon ab, wie viel Geld sich eine Person leihen möchte. Aber auch davon, wie viel Geld diese Person besitzt und wie viel Geld sie zuverlässig jeden Monat verdient.

Andersherum bekommt man auch manchmal Geld (in Form von Zinsen) von der Bank, wenn man dort ein Konto hat. Dann leiht man der Bank quasi sein Geld und diese kann damit arbeiten. Je längerfristig man sich verpflichtet, desto mehr Zinsen bekommt man dafür. Wer also die nächsten fünf Jahre auf sein Geld verzichten kann, der bekommt mehr Zinsen als jemand, der jederzeit an sein Geld kommen will. Letzteres ist schlecht für die Bank, da sie dann nicht gut mit dem Geld planen kann. Dann muss man manchmal sogar Geld zahlen, damit die Bank das Geld aufbewahrt.

Was sind Verpflichtungen?

Wer sich viel Geld leiht und dieses über einen langen Zeitraum zurückzahlt, muss das bei seinen Einnahmen berücksichtigen.

Ähnlich ist das, wenn man ein Auto nicht kauft, sondern leiht und monatlich etwas dafür zahlt. Oder wenn man eine Wohnung mietet und jeden Monat Miete zahlen muss. Oder wenn man ein Magazin bestellt, das nach Hause kommt. Für all das muss man regelmäßig Geld bezahlen, auch wenn man mal im Urlaub ist und die Sachen gar nicht benutzt.

Was man bezahlen muss, nennt man »Verpflichtungen«, viele Erwachsene sagen auch »Verbindlichkeiten«. Beide Wörter beschreiben zwei Dinge: Erstens eine Vereinbarung mit demjenigen, der einem die Dinge zur Verfügung stellt. Zweitens verpflichtet man sich, dafür regelmäßig Geld zu zahlen.

Das heißt, alles Geld, das man einnimmt, wird regelmäßig um diesen Betrag weniger. Man kann sich vorstellen, dass bei mehreren solcher Verbindlichkeiten das Sparschwein schnell leer ist. Deshalb ist es wichtig, sich genau zu überlegen, ob man sich verpflichtet, für etwas regelmäßig Geld zu zahlen.

Wann sind Schulden gut oder schlecht für das eigene Sparschwein?

Schulden macht man, wenn man nicht genügend Geld hat, um etwas zu kaufen, das man unbedingt haben möchte. Bei Kindern springen dann oft Eltern oder Großeltern ein. Manchmal muss man aber auch lange sparen oder man leiht sich etwas und zahlt es nach und nach zurück.

Erwachsene leihen sich öfter Geld. Wer einen extra großen Fernseher haben möchte, hat das Geld vielleicht noch nicht angespart. Daher kann er das Geld für den teuren Fernseher nur langsam in kleinen Teilen abbezahlen. Das heißt, man zahlt zum Beispiel monatlich einen kleinen Betrag. So lange, bis der Fernseher abbezahlt ist. Das kann Monate oder auch Jahre dauern. Diese Schulden nennt man »Konsumschulden«.

Solche Schulden sind schlecht, weil man regelmäßig Geld zahlen muss – leider auch, wenn der Fernseher nach drei Wochen kaputtgeht.

Anders sieht es mit Schulden aus, bei denen man das geliehene Geld nutzt, um mehr Geld zu verdienen.

Das ist zum Beispiel der Fall, wenn Erwachsene sich eine Wohnung kaufen und diese an andere Menschen vermieten. Um eine Wohnung zu kaufen, braucht man in der Regel sehr viel Geld. Dieses Geld kann man sich von einer Bank leihen. Diese Schulden muss man dann mit etwas extra Geld zurückzahlen. Gleichzeitig kann man durch das Vermieten der Wohnung Geld verdienen. Ist die Miete höher als die Kreditrate (Geld, das man jeden Monat an die Bank zahlt) bleibt etwas übrig und man macht einen Gewinn.

Solche Schulden können gut sein, da sie dafür sorgen, dass sich das Sparschwein mit der Zeit immer weiter füllt.

Was ist ein Kredit ?

Grundsätzlich verleiht eine Bank Geld an alle Menschen, die über 18 Jahre alt und finanziell in der Lage sind, das Geld zurückzuzahlen. Wenn eine Bank jemandem Geld leiht, sagt man, »sie gibt einen Kredit«. Das heißt aber auch, dass die Bank das geliehene Geld plus Zinsen wiederhaben will.

Kredit kommt von dem lateinischen Wort »credere« und bedeutet so viel wie »an etwas glauben«. Ob die Bank einem Geld leiht, hängt also davon ab, ob sie glaubt, dass man ihr das Geld auch wieder zurückzahlt.

Dafür geht es der Bank um drei Dinge:

Erstens!

Je weniger Geld man braucht, desto eher bekommt man den Kredit.

Zweitens!

Je mehr Geld man besitzt, desto mehr Geld kann man sich leihen.

Drittens!

Je mehr Geld man verdient, desto eher vergibt die Bank einen Kredit.

Am ehesten verleiht die Bank also Geld an Menschen, von denen sie denkt, dass sie das Geld höchstwahrscheinlich wiederbekommt. Keinen Kredit gibt die Bank an Menschen, denen sie nicht zutraut, dass sie das Geld zurückzahlen können. Desto mehr eine Bank einem vertraut, desto weniger muss man der Bank an Zinsen für ihr Risiko, das Geld doch nie mehr zurückzubekommen, extra zahlen.

Unternehmen können auch Geld leihen, sie tun dies bei Geschäftsbanken. Dabei gelten für Unternehmen die gleichen Spielregeln wie für Personen. Das Unternehmen muss ebenfalls beweisen, dass es die Schulden wieder zurückzahlen kann.

Wie gründe ich ein Unternehmen?

Ein Mädchen beschließt, an einem heißen Sommertag vor der Haustür frische Zitronenlimonade zu verkaufen. Dafür kauft sie Zitronen im Supermarkt. Dann bereitet sie die Limo vor und stellt sich damit vors Haus. Es dauert nicht lange, bis die ersten Leute stehen bleiben, um einen Becher Limo zu kaufen. Das Geld kommt ins Sparschwein. Da das Mädchen alles von seinem eigenen Geld gekauft hat, darf sie am Ende auch alles Geld behalten. Der Limo-Stand ist ihr Unternehmen.

Am nächsten Tag kommen noch viel mehr Menschen vorbei, weil sie von der leckeren Limonade gehört haben und sie probieren wollen. Schon nach einer Stunde ist die Limo alle. Also beschließt das Mädchen, eine Freundin zu fragen, ob sie mitmachen will. Dann könnte das Kind in der Küche weitere Limo zubereiten, während die Freundin die Limo verkauft. Die Freundin bekommt für das Verkaufen einen festgelegten Betrag als Lohn. Sie ist nun Mitarbeiterin des Limo-Standes.

Der Nachbarsjunge fragt das Mädchen, ob er bei ihrem Unternehmen mitmachen könnte. Dabei möchte er nicht nur verkaufen, sondern mit dem Mädchen zusammen für das Unternehmen verantwortlich sein. Er hat sogar eine Idee, die er selber einbringen möchte, um noch mehr Limonade zu verkaufen: Er kennt ein Geheimrezept für eine Orangenlimo. Die würde er zubereiten und dann gäbe es am Stand Zitronen- und Orangenlimo zu kaufen. Das Mädchen findet den Vorschlag super. Jetzt gehört der Limo-Stand – also das Unternehmen – dem Mädchen und dem Jungen.

Es wird sehr viel Orangenlimo verkauft. Menschen kommen sogar extra vorbei, um die köstlichen Limos zu trinken. Daher entscheiden sich das Mädchen und der Junge, auch anderswo Limo-Stände zu eröffnen. Dafür brauchen sie aber mehr Stände, die gebaut werden und viel mehr Orangen und Zitronen. Und sie brauchen jemanden, der die fertige Limo an die vielen Limo-Stände bringt. So etwas kostet viel Geld. Viel mehr Geld, als die beiden haben. Daher fragen sie ihre Eltern, ob sie ihnen etwas Geld leihen können. Die Eltern stimmen zu und der Junge und das Mädchen beschließen, sie dafür auch am Unternehmen zu beteiligen. Damit sind die Eltern als Kapitalgeber am Unternehmen beteiligt und bekommen einen Teil des Geldes, das eingenommen wird.

Was ist eine Aktie?

Irgendwann wollen der Junge und das Mädchen noch viel mehr Limo-Stände eröffnen. Aber um die bauen zu können und Zutaten für die Limonade zu kaufen, reicht selbst das Geld der Eltern nicht mehr aus. Eine andere Lösung muss her: Das Mädchen und der Junge beschließen, nur noch die Hälfte des Unternehmens zu behalten und die andere Hälfte zu verkaufen.

Jetzt können Leute Teile des Limonaden-Unternehmens kaufen, womit ihnen ein kleiner Anteil des Unternehmens gehört. Dafür bekommen sie aber keine Limonaden-Presse oder Orangen, sondern ein Stück Papier. Das nennt man »Aktie«, und eine Person, die die Aktie gekauft hat, heißt »Aktionär«.

Chefs des Unternehmen »Limonaden AG«

Nun heißt die Limonadenfirma neuerdings Limonaden-Aktiengesellschaft (kurz AG). Allen Aktionären gehört die Aktiengesellschaft, da sie mit ihrem Geld Anteile am Unternehmen gekauft haben.

Als Aktionär darf man einmal im Jahr bei einer Versammlung mitbestimmen. Da geht es zum Beispiel darum, ob das mit der Limonade verdiente Geld an alle verteilt oder ob es in neue Stände investiert wird. Geld, das an die Aktionäre ausbezahlt wird, nennt sich »Dividende«. Das Mädchen und der Junge entscheiden dies nicht mehr alleine, da ihnen das Limonadenunternehmen nicht mehr alleine gehört. Ab jetzt dürfen alle mitentscheiden, die einen Anteil am Unternehmen haben.

Aktionäre

Wo kann man Aktien kaufen?

Aktien kann man ähnlich wie Obst und Gemüse auf einem Markt kaufen. Dafür braucht es jemanden, der eine Aktie anbietet, und jemanden, der eine Aktie kaufen will. Außerdem müssen sich beide (Käufer und Verkäufer) einig sein, was die Aktie wert ist. Das ist ähnlich wie bei den Sammelkarten.

Der Markt, auf dem Aktien gehandelt werden, heißt Börse. Früher wurden Aktien in einem riesigen Raum gehandelt, in dem sich Hunderte Menschen befanden und alle durcheinander schrien.

Da brauchte es klare Regeln und Absprachen, damit auch jeder das bekam, was er wollte. Wollte jemand eine Aktie kaufen, dann zeigte er einem anderen seinen Handrücken und rief: »Ich bin Geld zu 100.« Das bedeutete so viel wie: »Für 100 Euro bin ich bereit, deine Aktie zu kaufen.« Wollte andersherum jemand verkaufen, so zeigte er die Handfläche und rief: »Ich bin Brief zu 100.«

Heute findet so ein Handel nur noch selten statt. Stattdessen werden Aktien im Internet gekauft und verkauft. Ein »Broker« ist dabei so eine Art Vermittler, der Käufer und Verkäufer zusammenbringt. Das funktioniert ungefähr so: Ein Kind ruft im Comic-Laden an und sagt: »Ich verkaufe 10 meiner Sammelkarten und will dafür 10 Euro haben.« Der Ladenbesitzer schreibt dies auf einen Zettel. Etwas später ruft ein anderes Kind an und sagt, es will 10 Sammelkarten kaufen und dafür 10 Euro bezahlen. Jetzt lässt sich der Ladenbesitzer von dem einen Kind die Karten und von dem anderen Kind das Geld schicken. Ist alles da, verschickt der Ladenbesitzer dies an die Kinder. Für seinen Dienst erhält der Ladenbesitzer 50 Cent von jedem Kind.

Können Kinder Aktien kaufen?

Wer etwas älter ist (und etwas mehr Geld zur Verfügung hat), kann mit seinen Eltern zusammen ein sogenanntes »Juniordepot« eröffnen. Ein Depot ist so etwas wie ein Sparschwein für Aktien, das man nur im Internet anschauen kann. Hat man ein Juniordepot, kann man mit seinen Eltern zusammen echte Aktien kaufen und verkaufen.

In welche Unternehmen man investieren möchte, entscheidet man selbst. Dafür gibt es keine Zauberformel. Man könnte zum Beispiel im Internet oder in einem Wirtschaftsmagazin nachforschen: Ist ein Unternehmen erfolgreich und macht Gewinn? Sind seine Produkte beliebt? Sind sie vielleicht die einzigen, die diese Dinge anbieten? Sind ihre Produkte umweltfreundlich? Wie verdient das Unternehmen Geld und verstehe ich das?

Einige Dinge findet man so toll, dass man sie immer und immer wieder haben will. Das können Schuhe, Spielsachen oder auch Shampoo sein. Hinter diesen Dingen stehen oft Unternehmen, die Aktiengesellschaften sind. Welche das sind, kann man an dem Kürzel »AG« erkennen. In diesem Fall kann man von diesen Aktien an der Börse Aktien kaufen.

Oft ist es jedoch nicht gleich ersichtlich, welches Unternehmen eine Sache hergestellt hat. Das kann man aber herausfinden, meistens steht es im sogenannten »Impressum«, wo die Adressdaten angegeben sind. Das Impressum muss übrigens auch auf der Verpackung aller Produkte abgedruckt sein. Schau doch gleich mal nach, ob du es findest.

Bevor man allerdings Aktien kauft und an der Börse investiert, sollte man zuerst in sich selbst investieren: Bücher lesen, zur Schule gehen oder ein Hobby pflegen. Das ist auch die sicherste und beste Investition.

Wie lege ich geschickt Geld an?

Aktien haben nicht immer den gleichen Preis, sondern dieser schwankt. Es kann also sein, dass man eine Aktie für 10 Euro kauft und sie ein halbes Jahr später viel mehr oder viel weniger wert ist. Ob der Preis der Aktie langfristig steigt oder fällt, liegt daran, ob es dem Unternehmen gut geht oder nicht.

Daher ist die Frage, von welchen Unternehmen man Aktien kauft, besonders wichtig. Es gibt Unternehmen, die sehr zuverlässig sind, aber auch solche, mit denen man schnell viel Geld verdienen (und verlieren) kann.

Die beliebteste Strategie, sein Geld anzulegen, nennt sich »kaufen und behalten«. Das bedeutet, dass man Aktien eines Unternehmens kauft und diese lange Zeit behält. Man verkauft die Aktien in der Regel erst, wenn sich das Unternehmen schlecht entwickelt. Also seine Ziele nicht erreicht oder die Einnahmen immer weiter schrumpfen.

Wer nur Aktien von einem Unternehmen kauft, geht ein hohes Risiko ein. Geht es diesem Unternehmen schlecht, verlieren auch die Aktien ihren Wert.

Stattdessen verteilt man sein Geld besser auf mehrere Unternehmen. Wenn es einem Unternehmen schlechter geht, ist das nicht so schlimm, weil das nur einen kleinen Anteil ausmacht. Man muss aber auch nicht alles selbst raussuchen, sondern kann ein Aktienpaket mit vielen Unternehmen kaufen. So ein Aktienpaket heißt »Fonds«.

So ein Fonds kann einen »Aktienindex« nachbauen. Der bekannteste Aktienindex in Deutschland ist der »DAX«. DAX wird wie der Dachs ausgesprochen, hat aber mit dem Tier nichts zu tun. DAX steht für »Deutscher Aktien Index« und beinhaltet die 30 größten Unternehmen Deutschlands. Er ist also eher eine 1. Bundesliga der Unternehmen, denn auch aus dem DAX kann man absteigen und aufsteigen.

Was passiert, wenn ich kein Geld mehr habe?

Wenn man mehr Geld ausgibt, als man verdient, oder Geld verliert, hat man irgendwann keins mehr. Was passiert dann?

Es gibt zwei Möglichkeiten.

Die Person kann so lange nichts Neues kaufen, bis neues Geld kommt. Das ist vor allem dann schlimm, wenn es Erwachsenen passiert, die von ihrem Geld Essen für die Familie kaufen müssen. So etwas passiert in den seltensten Fällen von heute auf morgen. Wird das Geld knapp, kann man versuchen, sparsamer zu leben, indem man zum Beispiel Dinge selber macht, repariert, tauscht oder gebraucht kauft.

Hat man tatsächlich irgendwann kein Geld mehr, müsste aber noch Schulden zurückzahlen, ist man zahlungsunfähig. Gerät ein Erwachsener in diese Situation, dann muss er »Privatinsolvenz« anmelden. Dann werden alle Schulden, die die Person noch hat, gelöscht. Das heißt, dass Menschen, die der Person Geld geliehen haben, kein oder nur sehr wenig Geld zurückbekommen. Es ist ja nichts da. Das funktioniert aber nicht einfach so und ist an strenge Bedingungen geknüpft.

Die zwei wichtigsten Bedingungen lauten: Alle Sachen, die nicht zum Leben notwendig sind, müssen verkauft werden. Gleichzeitig darf vom Gehalt auch nur so viel behalten werden, wie man zum Leben braucht. Alles andere wird gepfändet. Das bedeutet, dass es die Leute bekommen, denen man Geld schuldet.

Was passiert, wenn ein Unternehmen kein Geld mehr hat?

Nun kann es auch Unternehmen passieren, dass sie kein Geld mehr haben. Sie müssen dann »Insolvenz« beantragen.

Dafür wird ein sogenannter »Insolvenzverwalter« beauftragt. Das ist jemand, der nicht zum Unternehmen gehört, der sich aber mit Finanzen gut auskennt. Zwar gehören dem Unternehmen noch alles Material, alle Maschinen und alle Produkte, doch der Insolvenzverwalter entscheidet ab jetzt, was damit geschieht.

Ziel ist es, den Leuten, denen das Unternehmen Geld schuldet, dieses zurückzuzahlen. Diese Leute nennt man »Gläubiger«. Der Insolvenzverwalter ist der neue Chef und entscheidet, wie am meisten Geld aus dem Unternehmen geholt werden kann, Er könnte zum Beispiel bestimmen, dass große Aufträge erfüllt oder unnötige Maschinen oder Lagerhallen verkauft werden müssen.

Das Unternehmen schuldet auch seinen Mitarbeiterinnen und Mitarbeitern Geld, denn es kann ja kein Gehalt mehr zahlen.

Insolvenzverwalter

Während Gläubiger maximal einen kleinen Teil des Geldes wiederbekommen, kriegen alle, die für das Unternehmen arbeiten, drei Monate lang Geld vom Staat.

Für das Unternehmen geht es auf zwei möglichen Wegen weiter: Entweder es wird geschlossen oder es wird saniert. Wenn das Unternehmen geschlossen wird, werden alle entlassen. Sanieren bedeutet so viel wie reparieren. Das kann sehr lange dauern und in dieser Zeit müssen sich alle sehr einschränken. Ob es klappt, kann man vorher nicht sagen.

Wie kann ich die Insolvenz verhindern?

Manchmal kann man aber eine Insolvenz auch verhindern. Das geht zum Beispiel mit einem sogenannten »Vergleich«. Es wird also geguckt, ob das Unternehmen, das zahlungsunfähig ist (Schuldner), sich mit allen, denen es Geld schuldet (Gläubiger) einigen kann. Sie könnten zum Beispiel gemeinsam entscheiden, nur einen Teil des Geldes zurückzuzahlen oder erst zu einem späteren Zeitpunkt.

So etwas klappt aber nur, wenn alle zustimmen. Ist einer dagegen, kommt der Vergleich nicht zu Stande. Dann wird das Insolvenzverfahren offiziell gestartet. Das bedeutet, dass ab jetzt die Verhandlungen vor einem Gericht stattfinden.

Da das sehr teuer ist, versuchen alle weiterhin zusammen mit dem Gericht einen Kompromiss zu finden. Erst wenn auch dieser nicht klappt und weiterhin mindestens ein Gläubiger »Nein« sagt, ist die Einigung endgültig gescheitert.

Eine andere Möglichkeit, die Insolvenz abzuwenden, ist, jemanden zu suchen, der einem Geld leiht, um die Schulden zurückzuzahlen. Hier besteht allerdings die Gefahr, dass auch diese neuen Schulden nicht zurückgezahlt werden können. Man muss sich also sehr genau die Frage stellen, ob man es dieses Mal schafft, genügend Geld einzunehmen und weniger Geld auszugeben.

Für die Mitarbeiterinnen und Mitarbeiter eines Unternehmens ist dies natürlich eine sehr schwierige Zeit, da sie nicht wissen, ob sie ihre Arbeit behalten. Manchmal werden sie gebeten, freiwillig auf ihr Gehalt zu verzichten, oder es verkürzen sich die Arbeitszeiten (und damit das Geld, das sie verdienen). In der Regel wird versucht, alles am Laufen zu halten. Das heißt, alle arbeiten wie gewohnt weiter, damit das Unternehmen weiter Geld verdient.

Was passiert, wenn ein Staat nicht mehr zahlen kann?

Hat ein Staat kein Geld mehr, wird er von der »Weltbank« als zahlungsunfähig erklärt. Er ist damit insolvent oder man sagt auch, er ist pleite.

Ein bekannte Staatspleite gab es 1923 in Deutschland. Sie war eine Folge des Ersten Weltkrieges. Um zahlungsfähig zu bleiben, wurde immer mehr Geld gedruckt. Das ist schwierig, denn je mehr Geld es gibt, desto weniger ist es wert. Im Mai 1923 kostete Brot in Deutschland 474 Mark. Etwa zwei Monate später kostete es 2.200 Mark. Im Herbst waren es 14 Millionen Mark. Das ist schon schwer vorstellbar. Aber das war noch nicht alles. Im November kostete ein Brot 5,6 Milliarden Mark. Menschen brauchten also Schubkarren, um so viel Geld zum Bäcker zu tragen.

Viele Länder in Europa haben sich mittlerweile zusammengeschlossen und gehören zur »Europäischen Union« (EU). Sich zusammenzuschließen hat Vorteile. Sollte ein Land zahlungsunfähig werden (wie Griechenland in 2010), dann könnten die anderen Mitgliedsstaaten das Land mit sehr viel Geld retten. Man spricht bei Griechenland also nicht von einer »Insolvenz«, sondern nur von einer »Finanzkrise«.

Welche Auswirkungen dies dennoch hatte, konnte in den Monaten nach dem Beginn der Finanzkrise in Griechenland beobachtet werden. Spanien, Portugal, Italien und andere Länder meldeten ebenfalls Zahlungsschwierigkeiten an. Es kam also zu einem Domino-Effekt. Deshalb spricht man auch nicht von der griechischen, sondern der europäischen Finanzkrise.

Können Menschen wegen Geld ins Gefängnis kommen?

Rund ums Geld gibt es jede Menge Straftaten.

Geld fälschen: Geldscheine sind mittlerweile sehr sicher geworden. Das liegt an den vielen glitzernden und schimmernden Elementen darauf. Hältst du den Schein ins Licht, dann erscheinen neue Symbole und andere verschwinden. Kippst du den Schein nach links oder rechts, siehst du wiederum andere Dinge. Dennoch versuchen manche Menschen, Geld zu fälschen. Das ist allerdings verboten und wird sehr streng bestraft.

Verteilen von Falschgeld: Es ist nicht nur verboten, falsches Geld herzustellen. Man darf es auch nicht verteilen. Wer also weiß, dass er gefälschtes Geld hat, und es weitergibt, kann ebenfalls ins Gefängnis kommen.

Geldwäsche: Dabei wird Geld nicht in die Waschmaschine gesteckt, wobei das Prinzip recht ähnlich funktioniert. Geld aus Überfällen oder Betrügereien wird gewaschen, indem es hin und her getauscht wird. So lange bis man nicht mehr nachvollziehen kann, wo das Geld herkommt.

Steuerhinterziehung: Es gibt ganz unterschiedliche Steuern, die der Staat von seinen Bürgern haben möchte. Dabei ist er darauf angewiesen, dass jeder ehrlich zugibt, was er für Einnahmen und Ausgaben hat. Wer hier lügt, um Steuern zu sparen, macht sich ebenfalls strafbar, weil er nur an seinen eigenen Vorteil denkt, aber nicht an die Gemeinschaft.

Es gibt also eine ganze Reihe an Straftaten, die direkt mit Geld zusammenhängen. Am Ende lohnen sie sich nicht und bedeuten vor allem Ärger. Daher ist es sinnvoll, sich mit seinem Geld zu beschäftigen und zu lernen, wie man damit umgeht. Gleichzeitig bedeutet ein ehrlicher Umgang mit Geld, dass man seinen Teil zur Gesellschaft in Form von Steuern oder Spenden beiträgt. Damit werden allerhand nützliche Dinge bereitgestellt, die ohne Steuern nur wenigen Menschen zur Verfügung stehen würden.

Wie viel Geld gibt es auf der Welt?

Die reichsten Menschen in Deutschland besitzen zusammen ungefähr 30.000.000.000 Euro. Das sind 30 Milliarden Euro. Das ist immer noch ein sehr kleiner Anteil der Menge an Euro, die in Deutschland im Umlauf sind. Insgesamt verteilen sich unter den Menschen etwa 1.260.000.000.000 Euro. Das sind 1,26 Billionen Euro. Das ist eine riesige Zahl, doch es gibt noch viel mehr Geld auf der gesamten Erde.

Alle Scheine und Münzen auf der Erde haben einen Gesamtwert von etwa 5.000.000.000.000 Euro. Das sind 5 Billionen Euro. Man könnte meinen, dass dies nun alles Geld der Welt sei. Aber Geld auf der Bank muss nicht in Scheinen oder Münzen vorhanden sein. Stattdessen kann es auch einfach als Zahl auf dem Konto existieren. Daher ist die Gesamtmenge des Geldes noch um einiges höher, als es Scheine und Münzen auf der Welt gibt.

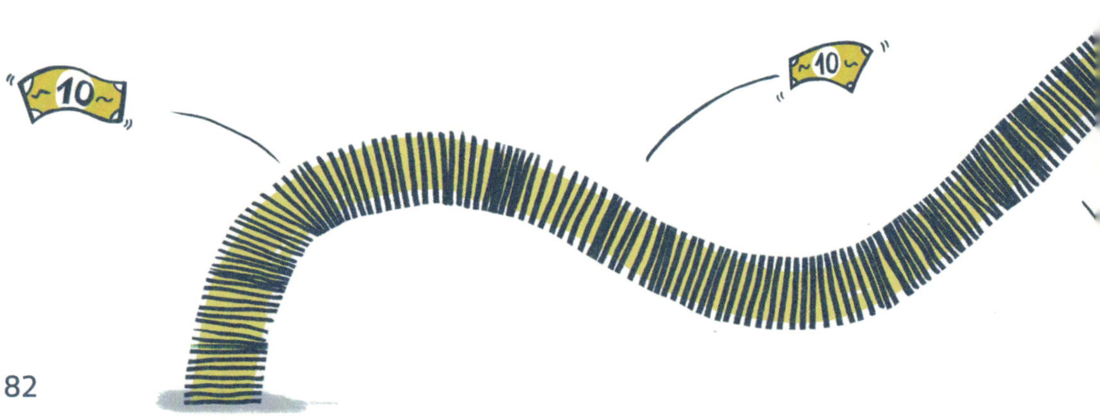

Wenn man das Geld auf den Banken mit dazuzählt, dann gibt es etwa 72.000.000.000.000 Euro auf der Erde. Das sind 72 Billionen Euro. Alle Aktien der Welt sind noch mal etwa 63 Billionen Euro wert und die weltweiten Schulden – Geld, das man sich von anderen geliehen hat – weitere 180 Billionen Euro.

Moment mal, wieso gehören Schulden dazu? Stell dir vor du leihst dir 5 Euro, um einen Eisbecher zu bestellen. Die 5 Euro gibst du dem Eisverkäufer. Dieser besitzt nun 5 Euro mehr. Gleichzeitig musst du die geliehenen 5 Euro wieder zurückzahlen. Das bedeutet, dass durch Schulden irgendwann in der Zukunft neues Geld entsteht.

Das alles zusammen macht 315.000.000.000.000 Euro oder 315 Billionen Euro. Eine unvorstellbar riesige Summe. Würde man diese Geldmenge in 10 Euro Scheinen aufeinanderstapeln, dann würde der Turm bis zu dem Planeten Uranus reichen.

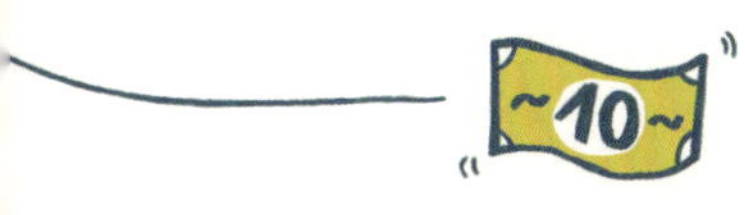

Geld ist ungleich verteilt

Geld ist nicht gleichmäßig verteilt. Manche Menschen haben viel zur Verfügung, andere nur wenig.

Einige verdienen mit ihrer Arbeit sehr viel oder sie hatten Glück und haben Geld, Häuser oder sogar ein Unternehmen geerbt oder durch Zufall im Lotto gewonnen. Geld zu behalten oder es zu vermehren, ist viel schwieriger und hat wenig mit Glück oder Pech zu tun.

Viele Menschen erben aber kaum etwas und verdienen wenig Geld. Das liegt daran, dass viele Jobs zwar wichtig für uns alle sind (z. B. im Supermarkt oder im Kindergarten zu arbeiten), aber trotzdem nicht gut bezahlt werden. Nicht viel Geld zu verdienen, kann auch daran liegen, dass jemand weniger arbeitet, weil er mehr Zeit für seine Kinder braucht, sich um ältere oder kranke Verwandte kümmert oder aus anderen Gründen nicht jeden Tag arbeiten gehen kann. Wenn man weiß, dass es auf der Erde alles in allem sehr, sehr viel Geld gibt, dann ist es schon erstaunlich, dass viele Menschen sehr wenig Geld haben.

An einigen Stellen hilft der Staat, indem er Menschen Geld zur Verfügung stellt. Auf der anderen Seite ist der Staat Teil des Problems, weil er zum Beispiel die Erziehung des eigenen Kindes oder die Pflege von älteren Angehörigen nicht als Arbeit ansieht und deshalb weniger Rente bezahlt.

Zum Unterstützen braucht der Staat Steuern, die wir alle auf Dinge zahlen, die wir kaufen, oder die Erwachsene mit ihrem Lohn zahlen. Steuern sind ein staatliches Mittel, um Menschen zu unterstützen, die Hilfe brauchen. So bekommen Eltern Kindergeld oder Kinder bekommen (über ihre Eltern) Geld für Klassenfahrten oder Essen, wenn nötig.

Eltern können sich, wenn sie ein Kind bekommen haben, Elternzeit nehmen, um zu Hause bei ihrem Baby zu bleiben. Damit sie in dieser Zeit weiterhin einen Teil ihres Gehaltes verdienen, zahlt der Staat Elterngeld. Das ist eine tolle Sache, denn sonst würden Eltern in der Zeit, wenn sie ihr Baby betreuen, kein Geld bekommen.

Wenn jemand gar kein Geld verdienen kann, zahlt ihm der Staat Sozialhilfe. Das ist nicht viel Geld, aber es soll ausreichen, um Grundbedürfnisse wie Essen und Wohnung zu sichern.

Schlaue Dinge, die man mit Geld (für sich) tun kann

Eine große Familienpackung ist zwar teurer als eine normale Packung, aber es kann sich lohnen, diese zu kaufen. Wenn du dein Geld mit anderen zusammenlegst, habt ihr mehr Geld zur Verfügung und könnt euch eine größere Packung leisten. Dann ist vielleicht am Ende mehr für alle drin (es lohnt sich aber immer nachzurechnen, ob das stimmt). Genauso funktioniert das natürlich auch mit anderen Dingen.

Das geht übrigens auch, wenn man alleine ist. Um etwas Größeres zu kaufen, spart man eine Zeitlang sein Taschengeld und hat dann mehr Geld zur Verfügung.

Schlaue Dinge, die man mit Geld (für andere) tun kann

Geld kann man aber nicht nur ausgeben oder sparen, sondern auch denjenigen etwas davon abgeben, die kaum etwas oder nichts haben. Wenn Oma oder Opa Geld schenken, freuen sich Kinder. Genauso freut sich ein Straßenmusiker oder eine Obdachlose, die vor dem Supermarkt nach Geld fragt, wenn du ihnen etwas Geld gibst. Du könntest aber auch direkt etwas zu essen kaufen und dies der Obdachlosen in die Hand geben. Oder du fragst einfach nach, was sich die Person zu essen wünscht.

Nett ist auch, mal das Eis für einen Freund oder eine Freundin zu bezahlen, wenn die gerade kein Geld haben. Oder das, was man sich gekauft hat, mit anderen zu teilen. Wenn das viele Menschen tun, kann auch vielen geholfen werden.

Man kann sein Geld auch jemandem geben, den man nicht persönlich getroffen hat. Das sind oft Vereine oder Organisationen, die sich um andere kümmern und dabei Geld benötigen. Das nennt man »Spenden«. Wenn du etwas spenden möchtest, solltest du zuerst überlegen, was dir am Herzen liegt und was du gerne unterstützen möchtest.

Vielleicht machst du gerne Sport und weißt, dass dein Sportverein sich über eine Spende freut. Vielleicht möchtest du aber auch einen Tierschutzverein unterstützen, weil du Tiere liebst. Oder dich interessiert die Feuerwehr. Die Freiwillige Feuerwehr ist (im Gegensatz zur Berufsfeuerwehr) auf Spenden angewiesen, um Leuten in Not zu helfen.

Man kann noch andere Dinge tun. Du könntest einen Teil des Geldes, das du bei einem Flohmarkt- oder Limo-Stand eingenommen hast, jemand anderem zur Verfügung stellen. Vielleicht unterstützt dich deine Familie dabei und gibt sogar noch etwas dazu?

Wenn man selbst wenig Geld verdient, kann man auch keine großen Beträge spenden. Aber ihr könnt euch zusammentun und zum Beispiel einen Spendenlauf veranstalten. Dazu überlegt ihr euch etwas Ungewöhnliches, zum Beispiel könntet ihr verkleidet auf dem Sportplatz Runden laufen. Wenn ihr so eine Idee habt, sucht ihr Menschen oder Unternehmen, die für jede gelaufene Runde kleines Geld spenden. Das können Verwandte, Freunde, aber auch das Restaurant oder der Supermarkt von nebenan sein. So etwas macht viel Spaß, und nun kommt vielleicht ein viel größerer Betrag zusammen, der gespendet werden kann.

Möchte man möglichst vielen Obdachlosen etwas Geld zukommen lassen, damit diese sich etwas zu essen kaufen können, spendet man am besten Geld an einen Verein. Es gibt auch Vereine, die sich um Essen kümmern. Das sind die sogenannten »Tafeln« und es gibt sie in vielen unterschiedlichen Städten. Diese könnten gar nicht arbeiten und Essen verteilen, ohne dass andere Menschen ihr Geld spenden. Du könntest so eine Organisation unterstützen.

Es gibt auch Stiftungen, die versuchen, die Weltmeere von Plastik zu säubern oder Tiere zu retten, die sich verletzt haben. Wieder andere Stiftungen setzen sich dafür ein, dass sich Menschen treffen können, um gemeinsam dafür zu sorgen, dass in ihrem Viertel Spielplätze gebaut werden oder ein Park entsteht.

Vielleicht haben deine Eltern eine Patenschaft für ein Kind in einem Entwicklungsland und du kannst dich regelmäßig mit einem kleinen Betrag daran beteiligen. Damit unterstützt du ein Kind, das sehr wenig Geld hat. Häufig gibt es dann auch die Möglichkeit, sich gegenseitig Briefe oder Mails zu schreiben und so jemand neuen kennenzulernen.

Du siehst, es gibt unzählige Möglichkeiten, mit Geld Gutes zu tun und zu helfen. Es ist wunderbar, dass es so viele Menschen gibt, die ihre Zeit nutzen, um anderen zu helfen, und dass es so viele Menschen gibt, die Geld spenden, um anderen zu helfen.

Fällt dir noch etwas ein?

MIX
Papier aus verantwortungsvollen Quellen
FSC® C089473

Dieses Buch ist erhältlich als:
ISBN 978-3-407-75589-6 Print

Verlagsgruppe Beltz
Werderstraße 10, 69469 Weinheim
service@beltz.de

Innen- und Einbandgestaltung und Illustrationen:
Meike Töpperwien, www.meike-toepperwien.de
Herstellung: Nancy Aprile
Druck und Bindung: Beltz Grafische Betriebe, Bad Langensalza
Beltz Grafische Betriebe ist ein Unternehmen mit finanziellem Klimabeitrag (ID 15985-2104-1001).
Printed in Germany
5 6 7 28 27 26 25

Weitere Informationen zu unseren Autor:innen und Titeln finden Sie unter: www.beltz.de

Noch mehr starke Sachbücher für Kinder

Gerda Raidt

Müll

Alles über die lästigste Sache der Welt

Beltz & Gelberg (81215)
Gebunden, 96 Seiten

»Klar und übersichtlich aufgebaut, sieht man hier sehr schön, dass das eigene Vermüllungsverhalten globale Folgen hat. Sehr empfehlenswert!« *1001 Buch*

Klima-Buchtipp des Monats, Deutsche Akademie für Kinder- und Jugendliteratur Volkach e.V., Mai 2019

Kristina Scharmacher-Schreiber / Stephanie Marian

Wie viel wärmer ist 1 Grad?

Was beim Klimawandel passiert

Beltz & Gelberg (75469)
Gebunden, 96 Seiten

»Ein liebevolles, informatives Sachbuch.« *Deutschlandfunk*

Leipziger Lesekompass 2020 (Leipziger Buchmesse und die Stiftung Lesen)

Christina Steinlein / Mieke Scheier

Ohne Wasser geht nichts

Alles über den wichtigsten Stoff der Welt

Beltz & Gelberg (75565)
Gebunden, 96 Seiten

»Eindringlich, lehrreich und spannend! Einfach gelungen!«
Deutsche Akademie für Kinder- und Jugendliteratur

Umwelt-Buchtipp März 2020 (Deutsche Akademie für Kinder- und Jugendliteratur)

www.beltz.de BELTZ & Gelberg